Rainer Maria Rilke

Eben bin ich so sanft erwacht

Das Buch vom Frühling

Rainer Maria Rilke

Eben bin ich so sanft erwacht

Das Buch vom Frühling

Mit Fotografien von Anselm Spring

Pattloch

Aber noch ist uns das Dasein verzaubert; an hundert
Stellen ist es noch Ursprung. Ein Spielen von reinen
Kräften, die keiner berührt, der nicht kniet und bewundert.

VORFRÜHLING

Härte schwand. Auf einmal legt sich Schonung
an der Wiesen aufgedecktes Grau.
Kleine Wasser ändern die Betonung.
Zärtlichkeiten, ungenau,

greifen nach der Erde aus dem Raum.
Wege gehen weit ins Land und zeigens.
Unvermutet siehst du seines Steigens
Ausdruck in dem leeren Baum.

Frühling ist wiedergekommen. Die Erde
ist wie ein Kind, das Gedichte weiß;
viele, o viele.... Für die Beschwerde
langen Lernens bekommt sie den Preis.

Streng war ihr Lehrer. Wir mochten das Weiße
an dem Barte des alten Manns.
Nun, wie das Grüne, das Blaue heiße,
dürfen wir fragen: sie kanns, sie kanns!

Erde, die frei hat, du glückliche, spiele
nun mit den Kindern. Wir wollen dich fangen,
fröhliche Erde. Dem Frohsten gelingts.

O, was der Lehrer sie lehrte, das Viele,
und was gedruckt steht in Wurzeln und langen
schwierigen Stämmen: sie singts, sie singts!

Will dir den Frühling zeigen,
der hundert Wunder hat.
Der Frühling ist waldeigen
und kommt nicht in die Stadt.

Nur die weit aus den kalten
Gassen zu zweien gehn
und sich bei den Händen halten –
dürfen ihn einmal sehn.

Siehe die Blumen, diese dem Irdischen treuen,
denen wir Schicksal vom Rande des Schicksals leihn, –
aber wer weiß es! Wenn sie ihr Welken bereuen,
ist es an uns, ihre Reue zu sein.

Alles will schweben. Da gehn wir umher wie Beschwerer,
legen auf alles uns selbst, vom Gewichte entzückt;
o was sind wir den Dingen für zehrende Lehrer,
weil ihnen ewige Kindheit glückt.

Nähme sie einer ins innige Schlafen und schliefe
tief mit den Dingen –: o wie käme er leicht,
anders zum anderen Tag, aus der gemeinsamen Tiefe.

Oder er bliebe vielleicht; und sie blühten und priesen
ihn, den Bekehrten, der nun den Ihrigen gleicht,
allen den stillen Geschwistern im Winde der Wiesen.

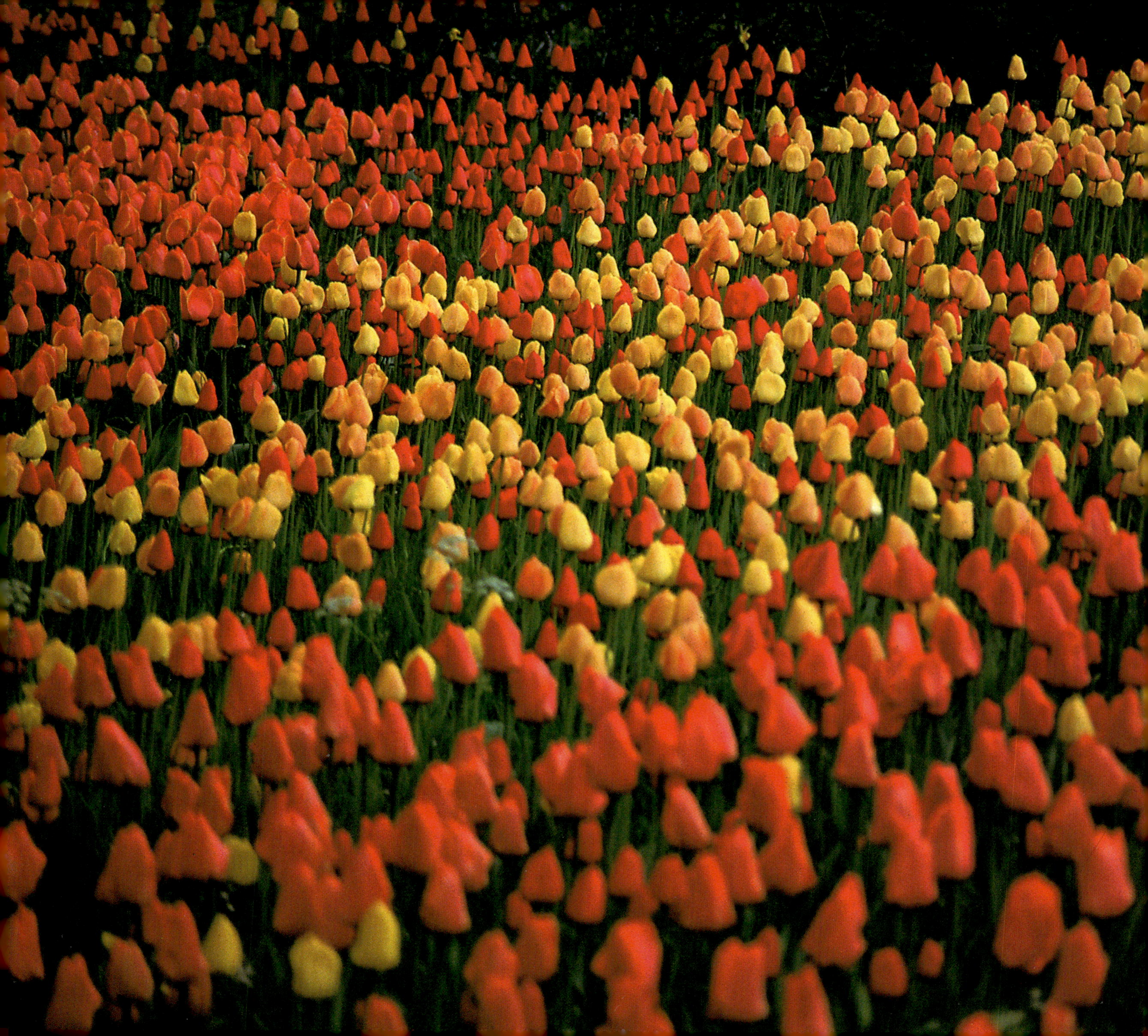

AUS EINEM APRIL

Wieder duftet der Wald.
Es heben die schwebenden Lerchen
mit sich den Himmel empor, der unseren Schultern schwer war;
zwar sah man noch durch die Äste den Tag, wie er leer war, –
aber nach langen, regnenden Nachmittagen
kommen die goldübersonnten
neueren Stunden,
vor denen flüchtend an fernen Häuserfronten
alle die wunden
Fenster furchtsam mit Flügeln schlagen.

Dann wird es still. Sogar der Regen geht leiser
über der Steine ruhig dunkelnden Glanz.
Alle Geräusche ducken sich ganz
in die glänzenden Knospen der Reiser.

MANDELBÄUME IN BLÜTE

Die Mandelbäume in Blüte: alles, was wir hier leisten können, ist, sich ohne Rest erkennen in der irdischen Erscheinung.

Un endlich staun ich euch an, ihr Seligen, euer Benehmen,
wie ihr die schwindliche Zier traget in ewigem Sinn.
Ach wers verstünde zu blühn: dem wär das Herz über alle
schwachen Gefahren hinaus und in der großen getrost.

DIE NACHT DER FRÜHLINGSWENDE

Ein Netz von raschen Schattenmaschen schleift
über aus Mond gemachte Gartenwege,
als ob Gefangenes sich drinnen rege,
das ein Entfernter groß zusammengreift.

Gefangner Duft, der widerstrebend bleibt,
Doch plötzlich ists, als risse eine Welle
das Netz entzwei an einer hellen Stelle,
und alles fließt dahin und flieht und treibt....

Noch einmal blättert, den wir lange kannten,
der weite Nachtwind in den harten Bäumen;
doch drüber stehen, stark und diamanten,
in tiefen feierlichen Zwischenräumen,
die großen Sterne einer Frühlingsnacht.

DAMIT ICH
GLÜCKLICH
WÄRE –

Das müßte sein von jenen blanken
Lenztagen einer, da die Kranken
man vor die dunklen Türen bringt.
Im Flieder ist ein Spatzenzanken,
weil keinem rechter Sang gelingt.
Der Bach, dem alle Bande sanken,
weiß nicht, was tun vor Glück, und springt
bis aufwärts zu den Bretterplanken,
dahinter Beete, kiesumringt,
und Blumenblühn und Birkenschwanken.
Und vor dem Häuschen, goldbezinkt,
um das der Frühling seine Ranken
wie liebeleise Arme schlingt, –
ein blondes Kind, das in Gedanken
das schönste meiner Lieder singt.

FRÜHLING

Die Vögel jubeln – lichtgeweckt –,
die blauen Weiten füllt der Schall aus;
im Kaiserpark das alte Ballhaus
ist ganz mit Blüten überdeckt.

Die Sonne schreibt sich hoffnungsvoll
ins junge Gras mit großen Lettern.
Nur dorten unter welken Blättern
seufzt traurig noch ein Steinapoll.

Da naht ein Lüftchen, fegt im Tanz
hinweg das gelbe Blattgeranke
und legt um seine Stirn, die blanke.
den blauenden Syringenkranz.

LIEBESANFANG

O Lächeln, erstes Lächeln, unser Lächeln.
Wie war das Eines: Duft der Linden atmen,
Parkstille hören –, plötzlich in einander
aufschaun und staunen bis heran ans Lächeln.
In diesem Lächeln war Erinnerung
an einen Hasen, der da eben drüben
im Rasen spielte; dieses war die Kindheit
des Lächelns. Ernster schon war ihm des Schwanes
Bewegung eingegeben, den wir später
den Weiher teilen sahen in zwei Hälften
lautlosen Abends. – Und der Wipfel Ränder
gegen den reinen, freien, ganz schon künftig
nächtigen Himmel hatten diesem Lächeln
Ränder gezogen gegen die entzückte
Zukunft im Antlitz.

Es ist ja Frühling. Und der Garten glänzt
vor lauter Licht.
Die Zweige zittern zwar
in tiefer Luft, die Stille selber spricht,
und unser Garten ist wie ein Altar.

Der Abend atmet wie ein Angesicht,
und seine Lieblingswinde liegen dicht
wie deine Hände mir im Haar:
ich bin bekränzt.

Du aber siehst es nicht.
Und da sind alle Feste nichtmehr wahr.

EIN FRÜHLINGSWIND

Mit diesem Wind kommt Schicksal; laß, o laß
es kommen, all das Drängende und Blinde,
von dem wir glühen werden –: alles das.
(Sei still und rühr dich nicht, daß es uns finde.)
O unser Schicksal kommt mit diesem Winde.

Von irgendwo bringt dieser neue Wind,
schwankend vom Tragen namenloser Dinge,
über das Meer her *was wir sind.*

....Wären wirs doch. So wären wir zuhaus.
(Die Himmel stiegen in uns auf und nieder.)
Aber mit diesem Wind geht immer wieder
das Schicksal riesig über uns hinaus.

INITIALE

Gieb deine Schönheit immer hin
ohne Rechnen und Reden.
Du schweigst. Sie sagt für dich: Ich bin.
Und kommt in tausendfachem Sinn,
kommt endlich über jeden.

Ein jedes Ding ist überwacht
von einer flugbereiten Güte
wie jeder Stein und jede Blüte
und jedes kleine Kind bei Nacht.
Nur wir, in unsrer Hoffahrt, drängen
aus einigen Zusammenhängen
in einer Freiheit leeren Raum,
statt, klugen Kräften hingegeben,
uns aufzuheben wie ein Baum.
Statt in die weitesten Geleise
sich still und willig einzureihn,
verknüpft man sich auf manche Weise, –
und wer sich ausschließt jedem Kreise,
ist jetzt so namenlos allein.

AUS EINEM FRÜHLING

O alle diese Toten des April,
der Fuhren Schwärze, die sie weiterbringen
durch das erregte übertriebene Licht:
als lehnte sich noch einmal das Gewicht
gegen zuviel Leichtwerden in den Dingen
mürrischer auf...

Und so ist unser erstes Schweigen:
wir schenken uns dem Wind zu eigen,
und zitternd werden wir zu Zweigen
und horchen in den Mai hinein.
Da ist ein Schatten auf den Wegen,
wir lauschen, – und es rauscht ein Regen:
ihm wächst die ganze Welt entgegen,
um seiner Gnade nah zu sein.

MAITAG

Still! – Ich hör, wie an Geländen
leicht der Wind vorüberhüpft,
wie die Sonne Strahlenenden
an Syringendolden knüpft.

Stille rings. Nur ein geblähter
Frosch hält eine Mückenjagd,
und ein Käfer schwimmt im Äther,
ein lebendiger Smaragd.

Im Geäst spinnt Silberrhomben
Mutter Spinne Zoll um Zoll,
und von Blütenhekatomben
hat die Welt die Hände voll.

FORTSCHRITT

Und wieder rauscht mein tiefes Leben lauter,
als ob es jetzt in breitern Ufern ginge.
Immer verwandter werden mir die Dinge
und alle Bilder immer angeschauter.
Dem Namenlosen fühl ich mich vertrauter:
Mit meinen Sinnen, wie mit Vögeln, reiche
ich in die windigen Himmel aus der Eiche,
und in den abgebrochnen Tag der Teiche
sinkt, wie auf Fischen stehend, mein Gefühl.

DIE LIEBENDE

Das ist mein Fenster. Eben
bin ich so sanft erwacht.
Ich dachte, ich würde schweben.
Bis wohin reicht mein Leben,
und wo beginnt die Nacht?

Ein Händeineinanderlegen,
ein langer Kuß auf kühlen Mund,
und dann: auf schimmerweißen Wegen
durchwandern wir den Wiesengrund.

Durch leisen, weißen Blütenregen
schickt uns der Tag den ersten Kuß, –
mir ist: wir wandeln Gott entgegen,
der durchs Gebreite kommen muß.

Es lärmt das Licht im Wipfel deines Baumes
und macht dir alle Dinge bunt und eitel,
sie finden dich erst wenn der Tag verglomm.
Die Dämmerung, die Zärtlichkeit des Raumes,
legt tausend Hände über tausend Scheitel,
und unter ihnen wird das Fremde fromm.

Du willst die Welt nicht anders an dich halten
als so, mit dieser sanftesten Gebärde.
Aus ihren Himmeln greifst du dir die Erde
und fühlst sie unter deines Mantels Falten.

Du hast so eine leise Art zu sein.
Und jene, die dir laute Namen weihn,
sind schon vergessen deiner Nachbarschaft.

Von deinen Händen, die sich bergig heben,
steigt, unsern Sinnen das Gesetz zu geben,
mit dunkler Stirne deine stumme Kraft.

FRÜHLING

Nicht so sehr der neue Schimmer tats,
daß wir meinen, Frühling mitzuwissen,
als ein Spiel von sanften Schattenrissen
auf der Klärung eines Gartenpfads.

Schatten eignet uns den Garten an.
Blätterschatten lindert unsern Schrecken,
wenn wir in der Wandlung, die begann,
uns schon vorverwandelter entdecken.

Aber Schalen sind, drin der Najaden
Spiegelbilder, die sie nicht mehr baden,
wie ertrunken liegen, sehr verzerrt;
die Alleen sind durch Balustraden
in der Ferne wie versperrt.

Immer geht ein feuchter Blätterfall
durch die Luft hinunter wie auf Stufen,
jeder Vogelruf ist wie verrufen,
wie vergiftet jede Nachtigall.

Selbst der Frühling ist da nicht mehr gebend,
diese Büsche glauben nicht an ihn;
ungern duftet trübe, überlebend
abgestandener Jasmin

alt und mit Zerfallendem vermischt.
Mit dir weiter rückt ein Bündel Mücken,
so als würde hinter deinem Rücken
alles gleich vernichtet und verwischt.

Und dieser Frühling macht dich bleicher,
in weite Wiesen will dein Fuß,
dein Lied wird leis, dein Wort wird weicher,
und deine Hände werden reicher
mit jedem Wink, mit jedem Gruß.

Du holst aus düfteschwüler Lade
dein Konfirmandenkleidchen dreist
und trägst es in die wilden Pfade
und schmückst dich für die große Gnade,
die deine Seele blühen heißt.

LIEBES-LIED

Wie soll ich meine Seele halten, daß
sie nicht an deine rührt? Wie soll ich sie
hinheben über dich zu andern Dingen?
Ach gerne möcht ich sie bei irgendwas
Verlorenem im Dunkel unterbringen
an einer fremden stillen Stelle, die
nicht weiterschwingt, wenn deine Tiefen schwingen.
Doch alles, was uns anrührt, dich und mich,
nimmt uns zusammen wie ein Bogenstrich,
der aus zwei Saiten *eine* Stimme zieht.
Auf welches Instrument sind wir gespannt?
Und welcher Geiger hat uns in der Hand?
O süßes Lied.

Kann mir einer sagen, wohin
ich mit meinem Leben reiche?
Ob ich nicht auch noch im Sturme streiche
und als Welle wohne im Teiche
und ob ich nicht selbst noch die blasse, bleiche
frühlingfrierende Birke bin?

Ich habe Hymnen, die ich schweige,
Es giebt ein Aufgerichtetsein,
darin ich meine Sinne neige:
du siehst mich groß und ich bin klein.
Du kannst mich dunkel unterscheiden
von jenen Dingen, welche knien;
sie sind wie Herden und sie weiden,
ich bin der Hirt am Hang der Heiden,
vor welchem sie zu Abend ziehn.
Dann komm ich hinter ihnen her
und höre dumpf die dunklen Brücken,
und in dem Rauch von ihren Rücken
verbirgt sich meine Wiederkehr.

Du siehst, ich will viel.
Vielleicht will ich Alles:
das Dunkel jedes unendlichen Falles
und jedes Steigens lichtzitterndes Spiel.

Es leben so viele und wollen nichts,
und sind durch ihres leichten Gerichts
glatte Gefühle gefürstet.

Aber du freust dich jedes Gesichts,
das dient und dürstet.

Du freust dich Aller, die dich gebrauchen
wie ein Gerät.

Noch bist du nicht kalt, und es ist nicht zu spät,
in deine werdenden Tiefen zu tauchen,
wo sich das Leben ruhig verrät.

Ich schreite einsam weiter. Mir zuhäupten
fühl ich den Frühling in den Zweigen zittern.
Und einmal werde ich mit unbestäubten
Sandalen warten an den Gartengittern.

Und du wirst kommen wenn ich dann dich brauche,
und wirst mein Zaudern nehmen als ein Zeichen,
und wirst mir still vom allerletzten Strauche
die vollen Sommerrosen niederreichen.

Rainer Maria Rilke zählt zu den bedeutendsten Lyrikern des 20. Jahrhunderts und schuf unerreichte Sprach- und Formkunstwerke. Der Dichter, der wie Robert Musil urteilte, „das deutsche Gedicht zum erstenmal vollkommen gemacht hat", führte eine unstete reine Künstlerexistenz. Die ständig wechselnden Raum- und Landschaftseindrücke beeinflußten und formten seine literarischen Werke nachhaltig.

Dem schmerzlich empfundenen Ganzheits- und Sinnverlust des modernen Menschen setzte Rilke in einer inneren Entwicklung „vom Klagen zum Rühmen" sein Dichtertum entgegen.

Rainer, eigentlich René, Maria Rilke wurde am 4.12.1875 als Sohn einer Prager Bürgerstochter und eines Militär- und späteren Eisenbahnbeamten böhmisch-bäuerlicher Herkunft in Prag geboren. Die unglückliche Ehe seiner Eltern sowie die fünfjährige „Verdammnis" auf eine Militärakademie überschatteten die Kindheit und Jugend des sensiblen Einzelgängers. 1895 bis 1896 studierte er in Prag zunächst Philosophie, Literatur- und Kunstgeschichte, dann Jura. Früh seiner Berufung zum Dichter folgend, hatte er zu diesem Zeitpunkt bereits erste Gedichte veröffentlicht, die sich stark an die Neoromantik anlehnten.

In den folgenden Jahren lebte er als freier Schriftsteller in München, Berlin und Florenz. Zusammen mit der Schriftstellerin Lou Andreas-Salomé unternahm er zwei ausgedehnte Reisen durch Rußland, wo sich ihm „das Dunkel Gottes, in dem allein Gemeinschaft ist" offenbarte. Die musikalisch fließenden Verse des *Stundenbuches* (1905) umkreisen diese Erfahrung.

Als „Geschenk einer stürmischen Nacht" empfing Rilke 1899 *Die Weise von Liebe und Tod des Cornets Christoph Rilke.* Diese schwärmerische Verherrlichung des Soldatentums in rhythmischer Prosa wurde sein größter literarischer Erfolg und im ersten Weltkrieg zu einem Kultbuch der Jugend.

Während seines Aufenthaltes in der Künstlerkolonie Worpswede lernte Rilke die Bildhauerin Clara Westhoff kennen, die er 1901 heiratete. Bald nach der Geburt der Tochter Ruth wurde die Ehe gelöst. Rilke zog nach Paris, wo er an einer Monographie über den französischen Bildhauer Auguste Rodin arbeitete und zu dessen Privatsekretär wurde. Die Großstadt Paris und die Berührung mit der bildenden Kunst lehrte Rilke ein „neues Sehen". Er überwand die gefühlsbetonte Lyrik der Innerlichkeit und fand in den *Neuen Gedichten* zu einem präzisen, unmittelbaren Ausdruck für das Wesen der Dinge. Radikaler noch zeigte sich dies in seinem Tagebuchroman *Die Aufzeichnungen des Malte Laurids Brigge* (1910), der als erster moderner europäischer Roman gilt.

Den Höhepunkt seines künstlerischen Schaffens bilden die *Duineser Elegien* (1912) und die *Sonette an Orpheus* (1923). In ihren schwer zugänglichen Bildern vollzieht sich eine neu gefundene Daseinsbejahung; sie feiern den Gesang des Dichters, der allein Sinn und Gültigkeit verleiht.

Rilkes späte Gedichte entstanden vorwiegend im Wallis, wo er ab 1912 lebte. Nach verschiedenen Sanatoriumsaufenthalten starb er am 29.12.1926 in Valmont an Leukämie und liegt in Raron begraben.

Die Deutsche Bibliothek – CIP-Einheitsaufnahme

Eben bin ich so sanft erwacht: Das Buch vom Frühling /
Rainer Maria Rilke. Mit Fotogr. von Anselm Spring.
– Augsburg: Pattloch, 1997
ISBN 3-629-00727-9

Pattloch Verlag, Augsburg

Textauswahl: Barbara Baumeister
Produktion: Ulrich Ruf, Freiburg
Reproduktion: Koppenhöfer, Mundelfingen
Gedruckt auf chlorfrei gebleichtem Papier.
Druck und Bindung: Appl, Wemding
Printed in Germany

ISBN 3-629-00727-9